Belongs to

_____

Lovable Logs

Website: _____

Username: _____

Password: _____

Notes: _____

Website: _____

Username: _____

Password: _____

Notes: _____

Website: _____

Username: _____

Password: _____

Notes: _____

Website: _____

Username: _____

Password: _____

Notes: _____

Website: _____

Username: _____

Password: _____

Notes: _____

Website: _____

Username: _____

Password: _____

Notes: _____

Website: _____

Username: _____

Password: _____

Notes: _____

Website: _____

Username: _____

Password: _____

Notes: _____

Website: _____
Username: _____
Password: _____
Notes: _____

Website: _____
Username: _____
Password: _____
Notes: _____

Website: _____
Username: _____
Password: _____
Notes: _____

Website: _____
Username: _____
Password: _____
Notes: _____

Website: _____

Username: _____

Password: _____

Notes: _____

Website: _____

Username: _____

Password: _____

Notes: _____

Website: _____

Username: _____

Password: _____

Notes: _____

Website: _____

Username: _____

Password: _____

Notes: _____

Website: _____

Username: _____

Password: _____

Notes: _____

Website: _____

Username: _____

Password: _____

Notes: _____

Website: _____

Username: _____

Password: _____

Notes: _____

Website: _____

Username: _____

Password: _____

Notes: _____

B

Website: _____

Username: _____

Password: _____

Notes: _____

Website: _____

Username: _____

Password: _____

Notes: _____

Website: _____

Username: _____

Password: _____

Notes: _____

Website: _____

Username: _____

Password: _____

Notes: _____

Website: _____

Username: _____

Password: _____

Notes: _____

Website: _____

Username: _____

Password: _____

Notes: _____

Website: _____

Username: _____

Password: _____

Notes: _____

Website: _____

Username: _____

Password: _____

Notes: _____

B

Website: _____

Username: _____

Password: _____

Notes: _____

Website: _____

Username: _____

Password: _____

Notes: _____

Website: _____

Username: _____

Password: _____

Notes: _____

Website: _____

Username: _____

Password: _____

Notes: _____

Website: _____
Username: _____
Password: _____
Notes: _____

Website: _____
Username: _____
Password: _____
Notes: _____

Website: _____
Username: _____
Password: _____
Notes: _____

Website: _____
Username: _____
Password: _____
Notes: _____

Website: _____

Username: _____

Password: _____

Notes: _____

Website: _____

Username: _____

Password: _____

Notes: _____

Website: _____

Username: _____

Password: _____

Notes: _____

Website: _____

Username: _____

Password: _____

Notes: _____

Website: _____

Username: _____

Password: _____

Notes: _____

Website: _____

Username: _____

Password: _____

Notes: _____

Website: _____

Username: _____

Password: _____

Notes: _____

Website: _____

Username: _____

Password: _____

Notes: _____

Website: _____

Username: _____

Password: _____

Notes: _____

Website: _____

Username: _____

Password: _____

Notes: _____

Website: _____

Username: _____

Password: _____

Notes: _____

Website: _____

Username: _____

Password: _____

Notes: _____

Website: _____
Username: _____
Password: _____
Notes: _____

Website: _____
Username: _____
Password: _____
Notes: _____

Website: _____
Username: _____
Password: _____
Notes: _____

Website: _____
Username: _____
Password: _____
Notes: _____

Website: _____

Username: _____

Password: _____

Notes: _____

Website: _____

Username: _____

Password: _____

Notes: _____

Website: _____

Username: _____

Password: _____

Notes: _____

Website: _____

Username: _____

Password: _____

Notes: _____

Website: _____

Username: _____

Password: _____

Notes: _____

Website: _____

Username: _____

Password: _____

Notes: _____

Website: _____

Username: _____

Password: _____

Notes: _____

Website: _____

Username: _____

Password: _____

Notes: _____

Website: _____
Username: _____
Password: _____
Notes: _____

Website: _____
Username: _____
Password: _____
Notes: _____

Website: _____
Username: _____
Password: _____
Notes: _____

Website: _____
Username: _____
Password: _____
Notes: _____

Website: _____

Username: _____

Password: _____

Notes: _____

Website: _____

Username: _____

Password: _____

Notes: _____

Website: _____

Username: _____

Password: _____

Notes: _____

Website: _____

Username: _____

Password: _____

Notes: _____

Website: _____

Username: _____

Password: _____

Notes: _____

Website: _____

Username: _____

Password: _____

Notes: _____

Website: _____

Username: _____

Password: _____

Notes: _____

Website: _____

Username: _____

Password: _____

Notes: _____

Website: _____

Username: _____

Password: _____

Notes: _____

Website: _____

Username: _____

Password: _____

Notes: _____

Website: _____

Username: _____

Password: _____

Notes: _____

Website: _____

Username: _____

Password: _____

Notes: _____

Website: _____
Username: _____
Password: _____
Notes: _____

Website: _____
Username: _____
Password: _____
Notes: _____

Website: _____
Username: _____
Password: _____
Notes: _____

Website: _____
Username: _____
Password: _____
Notes: _____

Website: _____

Username: _____

Password: _____

Notes: _____

Website: _____

Username: _____

Password: _____

Notes: _____

Website: _____

Username: _____

Password: _____

Notes: _____

Website: _____

Username: _____

Password: _____

Notes: _____

Website: _____

Username: _____

Password: _____

Notes: _____

Website: _____

Username: _____

Password: _____

Notes: _____

Website: _____

Username: _____

Password: _____

Notes: _____

Website: _____

Username: _____

Password: _____

Notes: _____

Website: _____

Username: _____

Password: _____

Notes: _____

Website: _____

Username: _____

Password: _____

Notes: _____

Website: _____

Username: _____

Password: _____

Notes: _____

Website: _____

Username: _____

Password: _____

Notes: _____

F

Website: _____

Username: _____

Password: _____

Notes: _____

Website: _____

Username: _____

Password: _____

Notes: _____

Website: _____

Username: _____

Password: _____

Notes: _____

Website: _____

Username: _____

Password: _____

Notes: _____

Website: _____

Username: _____

Password: _____

Notes: _____

Website: _____

Username: _____

Password: _____

Notes: _____

Website: _____

Username: _____

Password: _____

Notes: _____

Website: _____

Username: _____

Password: _____

Notes: _____

Website: _____

Username: _____

Password: _____

Notes: _____

Website: _____

Username: _____

Password: _____

Notes: _____

Website: _____

Username: _____

Password: _____

Notes: _____

Website: _____

Username: _____

Password: _____

Notes: _____

Website: _____

Username: _____

Password: _____

Notes: _____

Website: _____

Username: _____

Password: _____

Notes: _____

Website: _____

Username: _____

Password: _____

Notes: _____

Website: _____

Username: _____

Password: _____

Notes: _____

Website: _____

Username: _____

Password: _____

Notes: _____

Website: _____

Username: _____

Password: _____

Notes: _____

Website: _____

Username: _____

Password: _____

Notes: _____

Website: _____

Username: _____

Password: _____

Notes: _____

Website: _____

Username: _____

Password: _____

Notes: _____

Website: _____

Username: _____

Password: _____

Notes: _____

Website: _____

Username: _____

Password: _____

Notes: _____

Website: _____

Username: _____

Password: _____

Notes: _____

Website: _____

Username: _____

Password: _____

Notes: _____

Website: _____

Username: _____

Password: _____

Notes: _____

Website: _____

Username: _____

Password: _____

Notes: _____

Website: _____

Username: _____

Password: _____

Notes: _____

Website: _____

Username: _____

Password: _____

Notes: _____

Website: _____

Username: _____

Password: _____

Notes: _____

Website: _____

Username: _____

Password: _____

Notes: _____

Website: _____

Username: _____

Password: _____

Notes: _____

Website: _____

Username: _____

Password: _____

Notes: _____

Website: _____

Username: _____

Password: _____

Notes: _____

Website: _____

Username: _____

Password: _____

Notes: _____

Website: _____

Username: _____

Password: _____

Notes: _____

Website: _____

Username: _____

Password: _____

Notes: _____

Website: _____

Username: _____

Password: _____

Notes: _____

Website: _____

Username: _____

Password: _____

Notes: _____

Website: _____

Username: _____

Password: _____

Notes: _____

I

Website: _____

Username: _____

Password: _____

Notes: _____

Website: _____

Username: _____

Password: _____

Notes: _____

Website: _____

Username: _____

Password: _____

Notes: _____

Website: _____

Username: _____

Password: _____

Notes: _____

Website: _____

Username: _____

Password: _____

Notes: _____

Website: _____

Username: _____

Password: _____

Notes: _____

Website: _____

Username: _____

Password: _____

Notes: _____

Website: _____

Username: _____

Password: _____

Notes: _____

I

Website: _____

Username: _____

Password: _____

Notes: _____

Website: _____

Username: _____

Password: _____

Notes: _____

Website: _____

Username: _____

Password: _____

Notes: _____

Website: _____

Username: _____

Password: _____

Notes: _____

Website: _____

Username: _____

Password: _____

Notes: _____

Website: _____

Username: _____

Password: _____

Notes: _____

Website: _____

Username: _____

Password: _____

Notes: _____

Website: _____

Username: _____

Password: _____

Notes: _____

Website: _____

Username: _____

Password: _____

Notes: _____

Website: _____

Username: _____

Password: _____

Notes: _____

Website: _____

Username: _____

Password: _____

Notes: _____

Website: _____

Username: _____

Password: _____

Notes: _____

Website:

Username:

Password:

Notes:

Website:

Username:

Password:

Notes:

Website:

Username:

Password:

Notes:

Website:

Username:

Password:

Notes:

Website: _____

Username: _____

Password: _____

Notes: _____

Website: _____

Username: _____

Password: _____

Notes: _____

Website: _____

Username: _____

Password: _____

Notes: _____

Website: _____

Username: _____

Password: _____

Notes: _____

Website: _____

Username: _____

Password: _____

Notes: _____

Website: _____

Username: _____

Password: _____

Notes: _____

Website: _____

Username: _____

Password: _____

Notes: _____

Website: _____

Username: _____

Password: _____

Notes: _____

Website:

Username:

Password:

Notes:

Website:

Username:

Password:

Notes:

Website:

Username:

Password:

Notes:

Website:

Username:

Password:

Notes:

Website: _____

Username: _____

Password: _____

Notes: _____

Website: _____

Username: _____

Password: _____

Notes: _____

Website: _____

Username: _____

Password: _____

Notes: _____

Website: _____

Username: _____

Password: _____

Notes: _____

Website: _____
Username: _____
Password: _____
Notes: _____

Website: _____
Username: _____
Password: _____
Notes: _____

Website: _____
Username: _____
Password: _____
Notes: _____

Website: _____
Username: _____
Password: _____
Notes: _____

L

Website: _____

Username: _____

Password: _____

Notes: _____

Website: _____

Username: _____

Password: _____

Notes: _____

Website: _____

Username: _____

Password: _____

Notes: _____

Website: _____

Username: _____

Password: _____

Notes: _____

Website:

Username:

Password:

Notes:

Website:

Username:

Password:

Notes:

Website:

Username:

Password:

Notes:

Website:

Username:

Password:

Notes:

Website: _____

Username: _____

Password: _____

Notes: _____

Website: _____

Username: _____

Password: _____

Notes: _____

Website: _____

Username: _____

Password: _____

Notes: _____

Website: _____

Username: _____

Password: _____

Notes: _____

Website: _____

Username: _____

Password: _____

Notes: _____

Website: _____

Username: _____

Password: _____

Notes: _____

Website: _____

Username: _____

Password: _____

Notes: _____

Website: _____

Username: _____

Password: _____

Notes: _____

Website: _____

Username: _____

Password: _____

Notes: _____

Website: _____

Username: _____

Password: _____

Notes: _____

Website: _____

Username: _____

Password: _____

Notes: _____

Website: _____

Username: _____

Password: _____

Notes: _____

Website: _____

Username: _____

Password: _____

Notes: _____

Website: _____

Username: _____

Password: _____

Notes: _____

Website: _____

Username: _____

Password: _____

Notes: _____

Website: _____

Username: _____

Password: _____

Notes: _____

Website: _____

Username: _____

Password: _____

Notes: _____

Website: _____

Username: _____

Password: _____

Notes: _____

Website: _____

Username: _____

Password: _____

Notes: _____

Website: _____

Username: _____

Password: _____

Notes: _____

Website: _____

Username: _____

Password: _____

Notes: _____

Website: _____

Username: _____

Password: _____

Notes: _____

Website: _____

Username: _____

Password: _____

Notes: _____

Website: _____

Username: _____

Password: _____

Notes: _____

Website: _____

Username: _____

Password: _____

Notes: _____

Website: _____

Username: _____

Password: _____

Notes: _____

Website: _____

Username: _____

Password: _____

Notes: _____

Website: _____

Username: _____

Password: _____

Notes: _____

Website: _____

Username: _____

Password: _____

Notes: _____

Website: _____

Username: _____

Password: _____

Notes: _____

Website: _____

Username: _____

Password: _____

Notes: _____

Website: _____

Username: _____

Password: _____

Notes: _____

Website:

Username:

Password:

Notes:

Website:

Username:

Password:

Notes:

Website:

Username:

Password:

Notes:

Website:

Username:

Password:

Notes:

Website: _____

Username: _____

Password: _____

Notes: _____

Website: _____

Username: _____

Password: _____

Notes: _____

Website: _____

Username: _____

Password: _____

Notes: _____

Website: _____

Username: _____

Password: _____

Notes: _____

Website: _____

Username: _____

Password: _____

Notes: _____

Website: _____

Username: _____

Password: _____

Notes: _____

Website: _____

Username: _____

Password: _____

Notes: _____

Website: _____

Username: _____

Password: _____

Notes: _____

Website: _____

Username: _____

Password: _____

Notes: _____

Website: _____

Username: _____

Password: _____

Notes: _____

Website: _____

Username: _____

Password: _____

Notes: _____

Website: _____

Username: _____

Password: _____

Notes: _____

Website: _____

Username: _____

Password: _____

Notes: _____

Website: _____

Username: _____

Password: _____

Notes: _____

Website: _____

Username: _____

Password: _____

Notes: _____

Website: _____

Username: _____

Password: _____

Notes: _____

Website: _____

Username: _____

Password: _____

Notes: _____

Website: _____

Username: _____

Password: _____

Notes: _____

Website: _____

Username: _____

Password: _____

Notes: _____

Website: _____

Username: _____

Password: _____

Notes: _____

Website: _____

Username: _____

Password: _____

Notes: _____

Website: _____

Username: _____

Password: _____

Notes: _____

Website: _____

Username: _____

Password: _____

Notes: _____

Website: _____

Username: _____

Password: _____

Notes: _____

Website: _____

Username: _____

Password: _____

Notes: _____

Website: _____

Username: _____

Password: _____

Notes: _____

Website: _____

Username: _____

Password: _____

Notes: _____

Website: _____

Username: _____

Password: _____

Notes: _____

Website: _____

Username: _____

Password: _____

Notes: _____

Website: _____

Username: _____

Password: _____

Notes: _____

Website: _____

Username: _____

Password: _____

Notes: _____

Website: _____

Username: _____

Password: _____

Notes: _____

Website: _____
Username: _____
Password: _____
Notes: _____

Website: _____
Username: _____
Password: _____
Notes: _____

Website: _____
Username: _____
Password: _____
Notes: _____

Website: _____
Username: _____
Password: _____
Notes: _____

Website: _____

Username: _____

Password: _____

Notes: _____

Website: _____

Username: _____

Password: _____

Notes: _____

Website: _____

Username: _____

Password: _____

Notes: _____

Website: _____

Username: _____

Password: _____

Notes: _____

Website: _____

Username: _____

Password: _____

Notes: _____

Website: _____

Username: _____

Password: _____

Notes: _____

Website: _____

Username: _____

Password: _____

Notes: _____

Website: _____

Username: _____

Password: _____

Notes: _____

Website:

Username:

Password:

Notes:

Website:

Username:

Password:

Notes:

Website:

Username:

Password:

Notes:

Website:

Username:

Password:

Notes:

Website: _____

Username: _____

Password: _____

Notes: _____

Website: _____

Username: _____

Password: _____

Notes: _____

Website: _____

Username: _____

Password: _____

Notes: _____

Website: _____

Username: _____

Password: _____

Notes: _____

Website: _____
Username: _____
Password: _____
Notes: _____

Website: _____
Username: _____
Password: _____
Notes: _____

Website: _____
Username: _____
Password: _____
Notes: _____

Website: _____
Username: _____
Password: _____
Notes: _____

Website: _____
Username: _____
Password: _____
Notes: _____

Website: _____
Username: _____
Password: _____
Notes: _____

Website: _____
Username: _____
Password: _____
Notes: _____

Website: _____
Username: _____
Password: _____
Notes: _____

Website: _____

Username: _____

Password: _____

Notes: _____

Website: _____

Username: _____

Password: _____

Notes: _____

Website: _____

Username: _____

Password: _____

Notes: _____

Website: _____

Username: _____

Password: _____

Notes: _____

Website: _____

Username: _____

Password: _____

Notes: _____

Website: _____

Username: _____

Password: _____

Notes: _____

Website: _____

Username: _____

Password: _____

Notes: _____

Website: _____

Username: _____

Password: _____

Notes: _____

Website: _____

Username: _____

Password: _____

Notes: _____

Website: _____

Username: _____

Password: _____

Notes: _____

Website: _____

Username: _____

Password: _____

Notes: _____

Website: _____

Username: _____

Password: _____

Notes: _____

S

Website: _____

Username: _____

Password: _____

Notes: _____

Website: _____

Username: _____

Password: _____

Notes: _____

Website: _____

Username: _____

Password: _____

Notes: _____

Website: _____

Username: _____

Password: _____

Notes: _____

Website: _____

Username: _____

Password: _____

Notes: _____

Website: _____

Username: _____

Password: _____

Notes: _____

Website: _____

Username: _____

Password: _____

Notes: _____

Website: _____

Username: _____

Password: _____

Notes: _____

S

Website: _____
Username: _____
Password: _____
Notes: _____

Website: _____
Username: _____
Password: _____
Notes: _____

Website: _____
Username: _____
Password: _____
Notes: _____

Website: _____
Username: _____
Password: _____
Notes: _____

Website:

Username:

Password:

Notes:

Website:

Username:

Password:

Notes:

Website:

Username:

Password:

Notes:

Website:

Username:

Password:

Notes:

Website: _____

Username: _____

Password: _____

Notes: _____

Website: _____

Username: _____

Password: _____

Notes: _____

Website: _____

Username: _____

Password: _____

Notes: _____

Website: _____

Username: _____

Password: _____

Notes: _____

Website: _____

Username: _____

Password: _____

Notes: _____

Website: _____

Username: _____

Password: _____

Notes: _____

Website: _____

Username: _____

Password: _____

Notes: _____

Website: _____

Username: _____

Password: _____

Notes: _____

Website: _____

Username: _____

Password: _____

Notes: _____

Website: _____

Username: _____

Password: _____

Notes: _____

Website: _____

Username: _____

Password: _____

Notes: _____

Website: _____

Username: _____

Password: _____

Notes: _____

Website:

Username:

Password:

Notes:

Website:

Username:

Password:

Notes:

Website:

Username:

Password:

Notes:

Website:

Username:

Password:

Notes:

Website: _____
Username: _____
Password: _____
Notes: _____

Website: _____
Username: _____
Password: _____
Notes: _____

Website: _____
Username: _____
Password: _____
Notes: _____

Website: _____
Username: _____
Password: _____
Notes: _____

Website: _____

Username: _____

Password: _____

Notes: _____

Website: _____

Username: _____

Password: _____

Notes: _____

Website: _____

Username: _____

Password: _____

Notes: _____

Website: _____

Username: _____

Password: _____

Notes: _____

Website: _____

Username: _____

Password: _____

Notes: _____

Website: _____

Username: _____

Password: _____

Notes: _____

Website: _____

Username: _____

Password: _____

Notes: _____

Website: _____

Username: _____

Password: _____

Notes: _____

Website: _____

Username: _____

Password: _____

Notes: _____

Website: _____

Username: _____

Password: _____

Notes: _____

Website: _____

Username: _____

Password: _____

Notes: _____

Website: _____

Username: _____

Password: _____

Notes: _____

Website: _____

Username: _____

Password: _____

Notes: _____

Website: _____

Username: _____

Password: _____

Notes: _____

Website: _____

Username: _____

Password: _____

Notes: _____

Website: _____

Username: _____

Password: _____

Notes: _____

Website: _____

Username: _____

Password: _____

Notes: _____

Website: _____

Username: _____

Password: _____

Notes: _____

Website: _____

Username: _____

Password: _____

Notes: _____

Website: _____

Username: _____

Password: _____

Notes: _____

Website: _____

Username: _____

Password: _____

Notes: _____

Website: _____

Username: _____

Password: _____

Notes: _____

Website: _____

Username: _____

Password: _____

Notes: _____

Website: _____

Username: _____

Password: _____

Notes: _____

Website: _____

Username: _____

Password: _____

Notes: _____

Website: _____

Username: _____

Password: _____

Notes: _____

Website: _____

Username: _____

Password: _____

Notes: _____

Website: _____

Username: _____

Password: _____

Notes: _____

Website:

Username:

Password:

Notes:

Website:

Username:

Password:

Notes:

Website:

Username:

Password:

Notes:

Website:

Username:

Password:

Notes:

Website:

Username:

Password:

Notes:

Website:

Username:

Password:

Notes:

Website:

Username:

Password:

Notes:

Website:

Username:

Password:

Notes:

Website: _____

Username: _____

Password: _____

Notes: _____

Website: _____

Username: _____

Password: _____

Notes: _____

Website: _____

Username: _____

Password: _____

Notes: _____

Website: _____

Username: _____

Password: _____

Notes: _____

Website: _____

Username: _____

Password: _____

Notes: _____

Website: _____

Username: _____

Password: _____

Notes: _____

Website: _____

Username: _____

Password: _____

Notes: _____

Website: _____

Username: _____

Password: _____

Notes: _____

Website:
Username:
Password:
Notes:

Website:
Username:
Password:
Notes:

Website:
Username:
Password:
Notes:

Website:
Username:
Password:
Notes:

Website: _____
Username: _____
Password: _____
Notes: _____

Website: _____
Username: _____
Password: _____
Notes: _____

Website: _____
Username: _____
Password: _____
Notes: _____

Website: _____
Username: _____
Password: _____
Notes: _____

Website: _____

Username: _____

Password: _____

Notes: _____

Website: _____

Username: _____

Password: _____

Notes: _____

Website: _____

Username: _____

Password: _____

Notes: _____

Website: _____

Username: _____

Password: _____

Notes: _____

Website: _____

Username: _____

Password: _____

Notes: _____

Website: _____

Username: _____

Password: _____

Notes: _____

Website: _____

Username: _____

Password: _____

Notes: _____

Website: _____

Username: _____

Password: _____

Notes: _____

Website:

Username:

Password:

Notes:

Website:

Username:

Password:

Notes:

Website:

Username:

Password:

Notes:

Website:

Username:

Password:

Notes:

Website: _____

Username: _____

Password: _____

Notes: _____

Website: _____

Username: _____

Password: _____

Notes: _____

Website: _____

Username: _____

Password: _____

Notes: _____

Website: _____

Username: _____

Password: _____

Notes: _____

Z

Website: _____

Username: _____

Password: _____

Notes: _____

Website: _____

Username: _____

Password: _____

Notes: _____

Website: _____

Username: _____

Password: _____

Notes: _____

Website: _____

Username: _____

Password: _____

Notes: _____

Website: _____

Username: _____

Password: _____

Notes: _____

Website: _____

Username: _____

Password: _____

Notes: _____

Website: _____

Username: _____

Password: _____

Notes: _____

Website: _____

Username: _____

Password: _____

Notes: _____

Z

Website:

Username:

Password:

Notes:

Website:

Username:

Password:

Notes:

Website:

Username:

Password:

Notes:

Website:

Username:

Password:

Notes:

Printed in Great Britain
by Amazon

44583043R00059